Der kleine Zwerg hat den Boden gefegt.
Malst du ihn an?

Was fliegt denn da? Verbinde die Zahlen von
1 bis 33. Beginne bei 1.

3 4
2
6 5
1 30
7 31
33 32
8
9 10 11

26 25 23
27 24 22
28 21
29 20
17 19
16 18
15

14
12 13

Welchen Weg geht der Hund zum Fressnapf? Zeichne ihn ein.

Linus will zwei Fische malen. Den ersten
hat er fertig. Hilfst du ihm beim zweiten?

Der Dampfer kann erst auf das Meer
hinaus, wenn er die Pakete eingeladen hat.
Wo muss er lang fahren?

Die Bilder sind fast gleich. Findest du 6 Unterschiede? Kreise sie im oberen Bild ein.

Wie kommt das Auto zur Tankstelle?
Zeichne den Weg ein.

Ziehe die gepunkteten Linien nach,
dann siehst du, womit Samira fliegt.

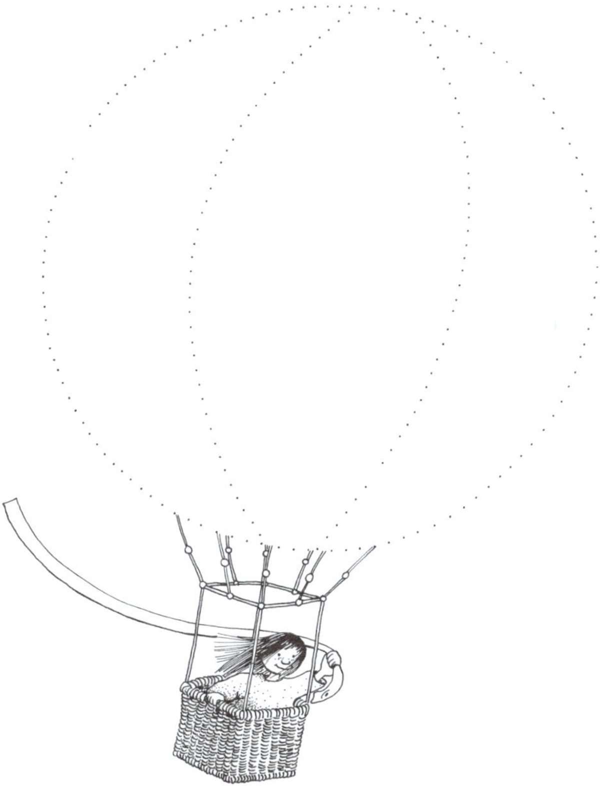

Immer ein Bild passt nicht zu den anderen.
Streiche es weg.

Emma möchte Äpfel pflücken.
Zeichne ihren Weg zum Apfelbaum ein.

Die Kängurus hüpfen um die Wette.
Male die Känguru-Mutter und ihr Kleines an.

Verbinde die Punkte mit einer Linie und
male das Bild an.

Die Gänse schnattern laut.
Malst du die große Gans an?

Die Kirschen sind reif. Verbinde die
Punkte mit einer Linie. Dann kannst du
die Kirschen anmalen.

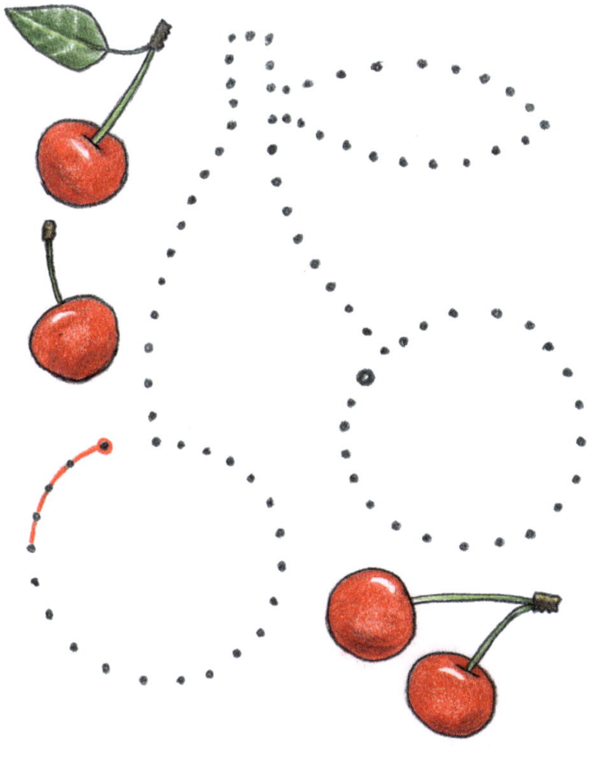

Wie kommt der Igel nach Hause?
Zeichne seinen Weg ein.

Der Hase hat leckere Möhren gefunden.
Malst du das Bild an?

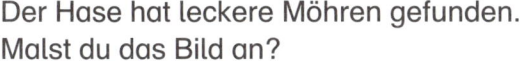

Schau genau hin. Das kleine Monster sucht
für sich und seine Freunde 5 gleiche Hüte.
Findest du sie? Male sie an.

Verbinde die Punkte mit einer Linie.
Wie sieht dein Lieblingseis aus?

Weißt du, welche Farbe das Erdbeereis hat?
Male die Eiskugel an.

Verbinde die Punkte mit einer Linie.
Malst du den Seehund an?

Wie kommt der Hase nach Hause?
Zeichne seinen Weg ein.

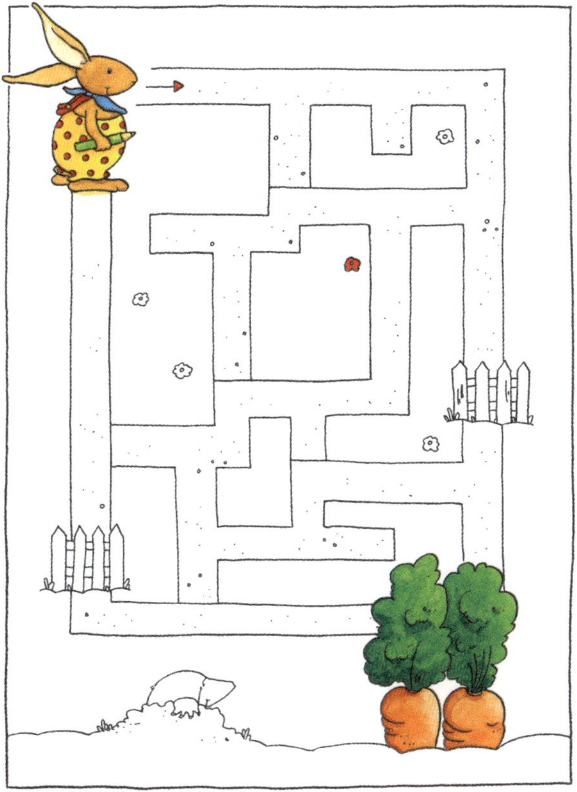

Der Betonmischer fährt zur Baustelle.
Malst du ihn an?

Die Tiere machen ein Picknick auf der Wiese.
Verbinde jedes Tier mit seinem Schatten.

Anni sucht jeweils das zweite Puzzleteil.
Hilfst du ihr dabei? Verbinde Teile, die
zusammengehören, und male sie an.

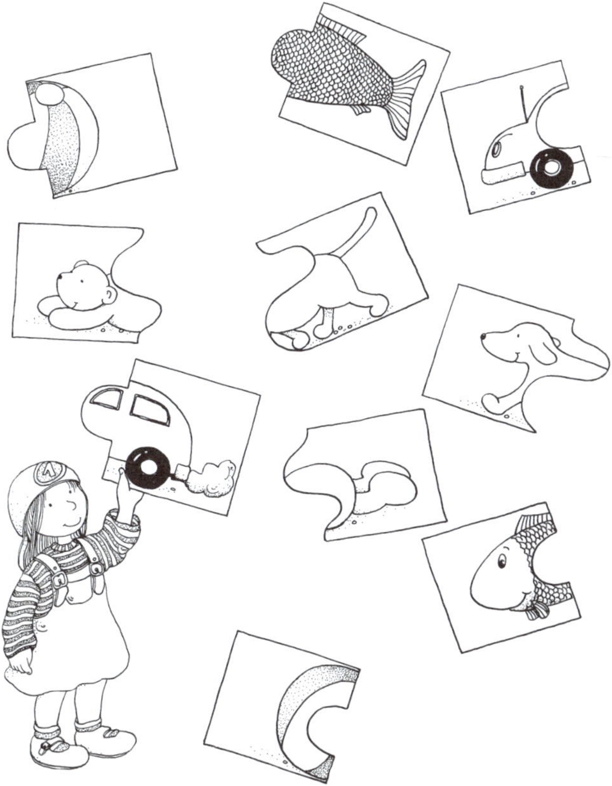

Jonas hat im Garten 10 Bälle verloren. Hilfst
du ihm suchen? Male alle Bälle an.

Male in jeder Reihe die Figur an, die aussieht
wie die erste Figur.

Die Enten sehen fast gleich aus.
Findest du 6 Unterschiede?
Kreise sie ein.

Welche Flügel haben das gleiche Muster?
Verbinde die zusammengehörenden Teile.
Male die Flügel bunt an.

Welche Farbe hat das Postauto?
Male es an.

Schau genau hin. Entdeckst du
7 Unterschiede? Kreise sie ein.

Welche Stoffe passen zu den Sachen?
Kreise immer die richtigen Muster ein.

In jeder Reihe passt ein Ding nicht zu den
übrigen. Streiche es weg.

Die Bilder sind fast gleich. Findest du
6 Unterschiede? Kreise sie ein.

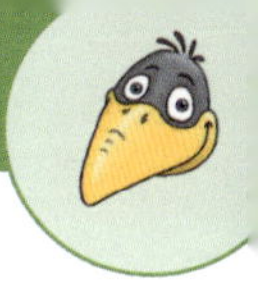

Immer 2 Teile gehören zusammen.
Male sie in der gleichen Farbe an.

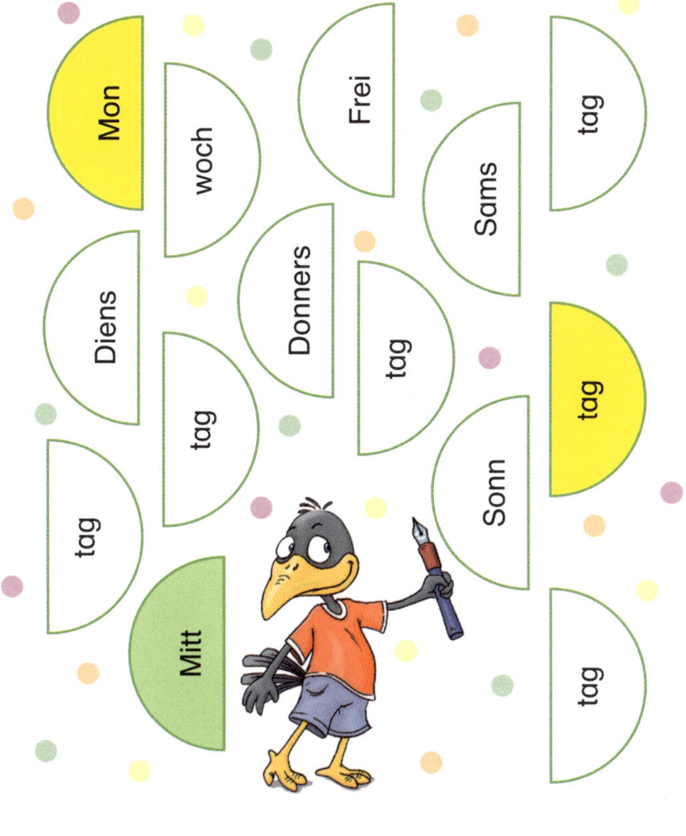

Mon | woch

Frei | tag

Diens | Donners | tag

Sams

tag | tag | Sonn | tag

Mitt

In jeder Reihe sieht ein Blatt genauso aus wie das erste Blatt. Male es an.

Welche Zahlen fehlen? Trage sie ein.

3		1	2
2	1	4	
1	3		4
2			1

Die Bilder sind fast gleich. Findest du
7 Unterschiede? Kreise sie ein.

Die Bilder sehen fast gleich aus. Findest du
7 Unterschiede? Kreise sie ein.

Die Kinder suchen Jacken, die das gleiche
Muster haben wie ihre Hosen. Hilfst du ihnen?
Verbinde, was zusammengehört.

Was siehst du hier aus der Nähe? Verbinde die
großen Bildausschnitte mit den Gegenständen.

Kannst du alle Kreise erkennen?
Male sie bunt an.

Die Schiffe sind fast gleich. Findest du
8 Unterschiede? Kreise sie ein.

In jeder Reihe sind 2 Fahrzeuge gleich.
Male sie an.

Welche Zahlen fehlen? Trage sie ein.

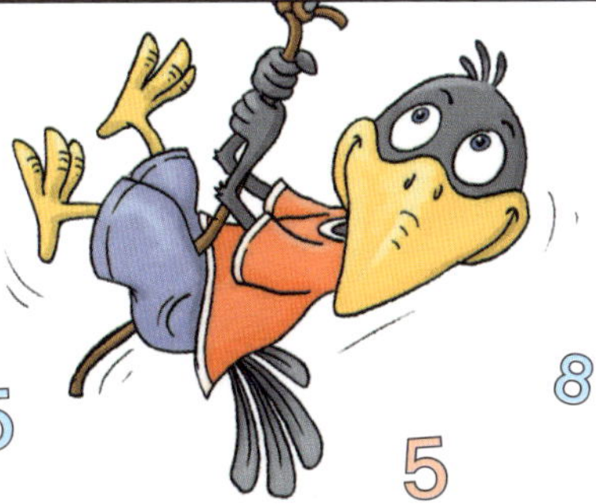

Die Schnüre der Autos haben sich verheddert.
Findest du heraus, wem die Feuerwehr
gehört? Male das Kind an.

Immer 2 Apfelstücke gehören zusammen.
Male die zusammengehörenden Stücke in
derselben Farbe an.

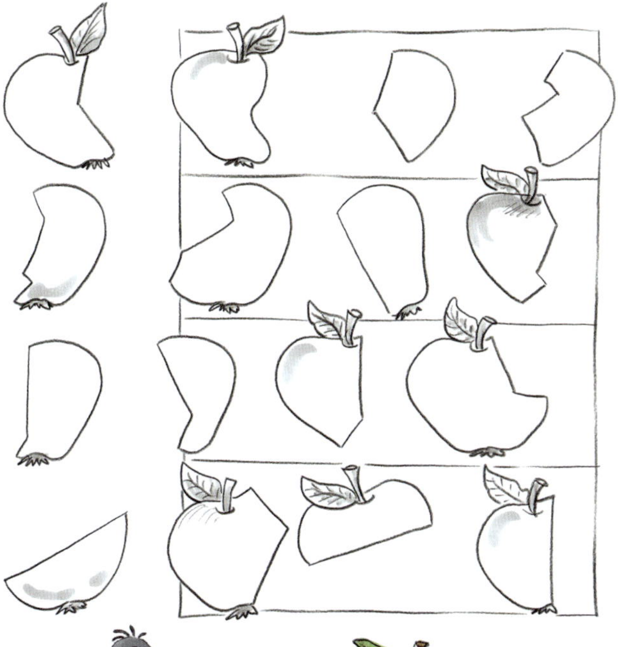

Schau genau hin und verbinde jedes Tier mit
seinem Schatten.

Fynns Geburtstagsgeschenke sind im
Wohnzimmer versteckt. Hilfst du ihm beim
Suchen? Kreuze die Päckchen an.

Wem gehört der Teddy? Male das richtige
Kind an. Findest du auch heraus, wem die
übrigen Dinge gehören?

In jeder Reihe sehen 5 Dinge gleich aus.
Male sie an.

So süße Mäuse! Male die große Maus an.

Im Zoo sind die Affen ausgebrochen.
Finde sie und kreise sie ein. Es sind _____ .

Wer findet den Weg zum Schatz? Fahre die
Wege nach und finde es heraus.

Wer hat sich da im Gebüsch versteckt?
Male an, was du entdecken kannst.

Kannst du die Rätsel lösen? Verbinde jeden
Text mit dem passenden Bild und male es an.

① Welcher Hahn
kann nicht
krähen?

② Wer trägt sein
Haus immer mit
sich herum?

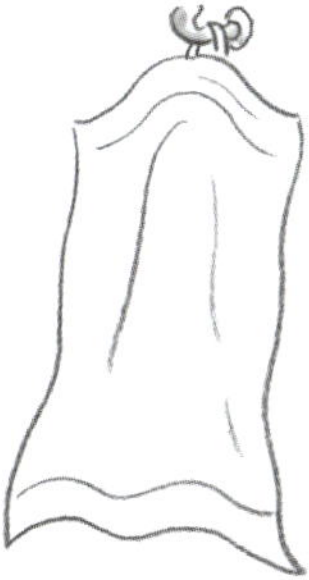

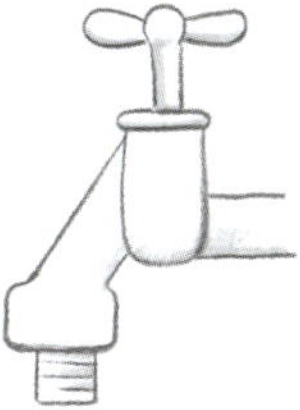

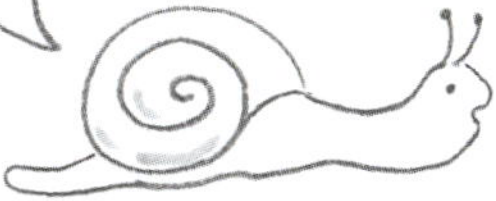

③ Es hängt an
der Wand, gibt
jedem die Hand.

④ Wer isst immer
mit zwei Löffeln?

Malst du Hannahs Bettdecke bunt an?

rot blau gelb grün

Welche Farben fehlen? Male die Felder
in den passenden Farben an.

Wie sieht dein Papa oder deine Mama aus?
Male das Gesicht fertig.

Male die Bilder in den richtigen Farben an.

blau

rot

gelb

grau

grün

hellbraun

Verbinde die Zahlen von 1 bis 30.
Beginne bei 1.

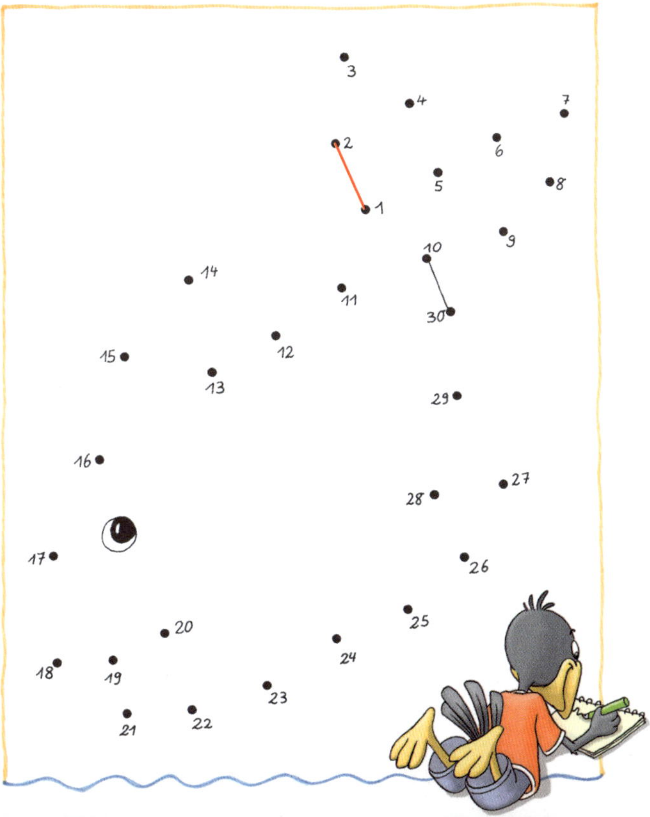

Wie kommt Linus nach Hause? Hilf ihm
und zeichne seinen Weg ein.

Kannst Du den Schmetterling fertig anmalen?

So ein Durcheinander. Findest du den Hund?
Male ihn an.

Und welche Formen fehlen hier?
Zeichne sie ein.

Malst du Linus bunt an?

Linus sucht Glücksklee. Male Kleeblätter
mit vier Blättern grün an.

Die Maulwurf-Mama möchte ihren Kindern
den Mond zeigen. Zeichne ein, wie sie geht,
wenn sie zuerst ihre Kinder abholt.

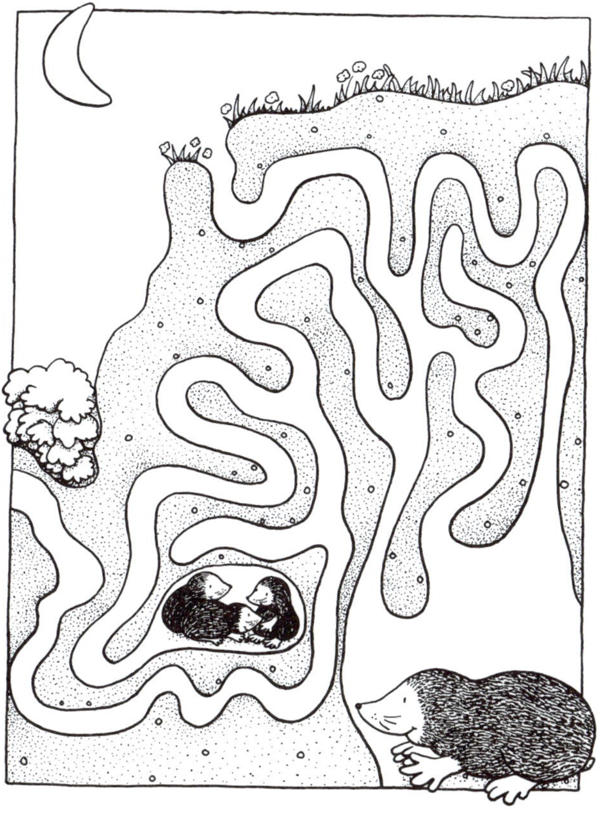

Ein Bild von Linus gibt es zweimal.
Kreise es ein.

Linus möchte seine Tante besuchen.
Zeichne seinen Weg ein.

Male die Felder an:

- ● = 1
- ● = 2
- ● = 3
- ● = 4
- ● = 5
- ● = 6
- ● = 7
- ● = 8

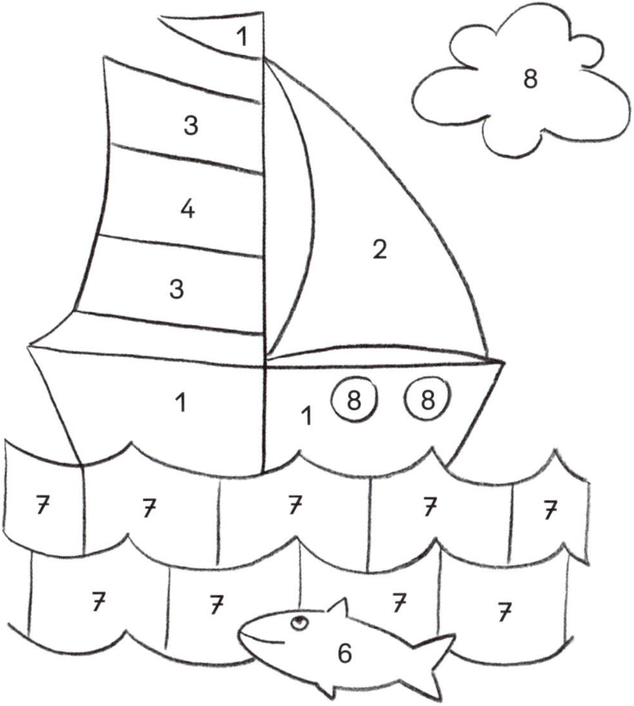

Setze die passenden Zahlen ein.

1	3		
2		1	3
	1	3	
3			1

8 2 3 5
4 7 1 6
8 2 8
5 4
2 1 6

2 8
3

2	4		3
	3	2	4
4	2		
		4	2

2
6
2 5 4 6

Zwei Bilder sind gleich.
Male sie an.

Was geschieht zuerst? Verbinde jedes Bild
mit der passenden Zahl.

1   2   3   4

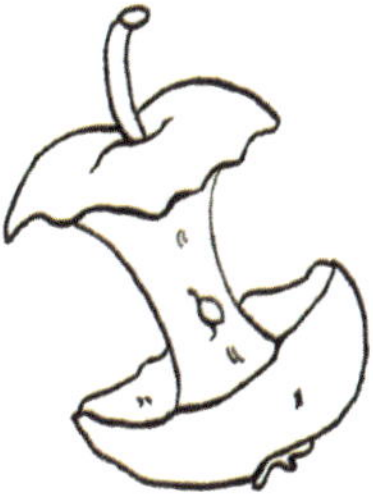

Jeweils ein Teil gehört nicht dazu.
Kreise es ein.

Von jedem Bild gibt es zwei. Welche sind
noch nicht aufgedeckt? Kreise sie ein.

Male das T-Shirt in deinen Lieblingsfarben an.

Was geschieht zuerst? Verbinde jedes Bild mit der passenden Zahl.

2

3

1

Ein Teil passt nicht zu den übrigen.
Kreise es ein.

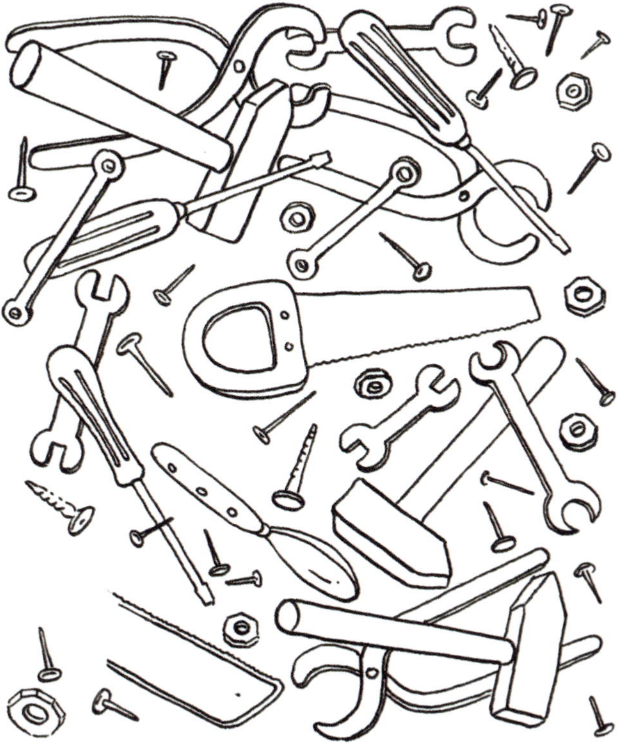

Immer zwei Bilder gehören zusammen.
Verbinde sie mit einer Linie.

Zeichne ein, wie das Auto viele Male auf der Rennbahn fährt.

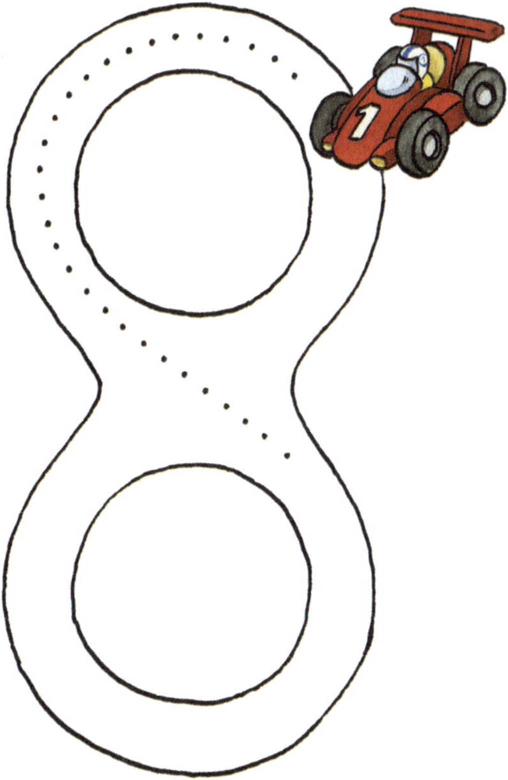

Verbinde jedes Bild mit der passenden Farbe und male es an.

Was geschieht zuerst? Verbinde jedes Bild
mit der passenden Zahl.

Was gehört zusammen?
Verbinde mit einer Linie.

Ergänze die fehlenden Zahlen. Sie dürfen in jeder Reihe und in jeder Spalte nur einmal vorkommen.

3	1		2
2		1	
		2	1
1	2		4

Jeweils ein Teil gehört nicht dazu.
Kreuze es an.

Finde das jeweils passende Puzzleteil.
Verbinde mit einer Linie.

Auf der Wiese blüht eine ganz besonders
schöne Blume. Malst du sie dazu?

Ein Tier gibt es zweimal. Kreise es ein.

Male das Schaf an.

Eine Karte gehört nicht zu dem Quartett.
Male sie an.

Welche Bilder gibt es nur einmal?
Kreise sie ein.

Wer hat sich die Wurst geschnappt?
Male das Tier an.

Kannst du die Zahlen von 1 bis 6 schreiben?
Fahre die Zahlen mit bunten Farben nach.

1, 2, 3, 4, 5, 6, 7, 8, 9: Trage die fehlenden Zahlen ein.

1	1	1
2		
3		3
4	4	4
5	5	
6	6	6
7	7	
8		8
9	9	

A, B, C, D, E, F: Trage die fehlenden
Buchstaben ein.

A	B	C	D	E	F
A	B		D		
A		C			F

Hier sind viele Uhren versteckt.
Entdeckst du alle? Kreise die Wörter bunt ein.

D	I	G	I	T	A	L	U	H	R
E	I	E	R	U	H	R	S	F	U
G	W	T	K	L	H	B	G	W	B
D	S	C	O	C	A	V	A	E	T
E	M	D	C	R	B	U	D	S	F
T	A	S	C	H	E	N	U	H	R
A	D	R	S	A	N	D	U	H	R
S	O	N	N	E	N	U	H	R	E
S	T	O	P	P	U	H	R	H	R
R	W	E	C	K	E	R	B	A	
L	A	V	P	D	A	W	T	R	
C	T	S	C	B	M	E	C	S